알리바바
중국어 회화

초급 1

정명숙
(鄭明淑)　mingsu72@naver.com

서울디지털대학교 중국학과 전임교수
고려대학교 중어중문학과 · 국제어학원 강사
KBS 보도본부 국제부 중국어 동시통역사
크레듀 · 삼성경제연구소 인터넷 강의 강사

학력

한성화교학교 유치원 · 초등학교 · 중학교 졸업
국립대만사범대학교 중문과 졸업
고려대학교 대학원 졸업(중국어학, 문학박사)

주요경력

서울대학교 사범대학 중국어교사양성과정 초빙교수
이화여자대학교 외국어교육 특수대학원 강사
EBS–TV 〈TV중국어회화〉 교재집필 및 진행자
EBS–FM 〈차이나스페셜〉 MC
PBC–FM 〈니하오중국어〉 코너 진행자
TBS–DMB 중국어방송 〈한국어회화〉 코너 진행자
경향신문 회화칼럼 〈생생중국어〉 연재
KBS 특집생방송 〈박근혜대통령 중국 칭화대 연설〉 동시통역 및 패널 출연(2013.6.29)

알리바바 중국어 회화 초급 1

초판 1쇄 인쇄　2016년 3월 21일
초판 1쇄 발행　2016년 3월 21일

지은이　정명숙
발행인　김용부
발행처　글로벌문화원
등록번호　제 2-407
등록일자　1987년 12월 15일

주소　서울시 종로구 삼일대로 15길 19 글로벌빌딩 5층
대표전화　02)725-8282　**팩스**　02)753-6969
홈페이지　http://www.global21.co.kr

편집진행　길노을
디자인　Design maru (02) 3144-2581
일러스트　정경란

ISBN　978-89-8233-272-2 14720
Set　978-89-8233-270-8

알리바바
중국어 회화

초급 1

저자 정명숙

독자 여러분 안녕하십니까?

엄청나게 밀려오는 중국인 관광객 유커(游客)와 유커 공략에 총력을 기울이고 있는 시장을 보면, 중국은 더 이상 우리에게 가깝고도 먼 이웃이 아닙니다. G2 강국에서 세계 1위 경제대국을 향해 꿈틀대는 거대한 이웃, 중국과 우리가 어떻게 하면 더불어 살아갈 수 있을지에 대한 대안을 찾아야 할 시기인데요, 이를 위해 중국어는 더 이상 선택이 아닌 필수입니다.

어떻게 하면 중국어를 쉽고 재미있게 공부할 수 있을까요? 저자는 〈알리바바 중국어 회화〉를 적극 추천합니다. 〈알리바바 중국어 회화〉는 중국어를 처음 접하는 학습자가 단계별로 공부하기 쉽게 짜여진 교재입니다. 발음부터 시작하는 입문, 기초 회화 초급, 심화 과정인 중급 과정을 거쳐, 수준 높은 프리토킹이 가능한 고급으로 이어집니다. 그렇기 때문에 〈알리바바 중국어 회화〉 커리큘럼대로만 공부하면 중국어가 결코 어렵지 않습니다.

초급1 과정은 초보 학습자들이 반드시 익혀야 할 중국어 발음과 단어 그리고 문장으로 구성되어 있습니다. 단어는 무조건 암기! 문장은 문장을 만드는데 필요한 기본 문법을 반드시 익히시기 바랍니다. 초급1에서도 발음 연습을 통해 중국어 실력을 다지는 것이 중요합니다. 제가 당부 드리고 싶은 공부법은 딱 세 가지입니다.

1 하루에 5분이라도 매일매일 꾸준히 중국어 공부를 하십시오.

2 눈으로 보는 중국어 공부가 아니라 입으로 말하는 중국어 공부를 하십시오.

3 음성파일과 인터넷강의를 활용하여 중국어를 듣고 따라서 발음해 보십시오.

〈알리바바 중국어 회화〉를 통해 즐거운 중국어를 공부하시길 기원합니다.

저자 **정명숙**

차 례

단원	단원명	핵심 문장	학습 포인트	중국문화
1	Nǐ máng ma? 바쁘세요?	你忙吗?	1. 다양한 형용사 2. 운모 a와 a로 시작하는 비운모	중국의 민간 전설
2	Wǒ bù máng. 저는 바쁘지 않아요.	我不忙。	1. 형용사의 부정형 2. 不의 성조 변화	맹강녀
3	Tāmen lái bu lái? 그들이 오나요?	他们来不来?	1. 인칭대명사 2. 동사 3. 정반의문문	고가의 자동차 번호판
4	Tā hē kāfēi. 그녀는 커피를 마셔요.	她喝咖啡。	1. 동작에 대해 묻고 답하기 2. 동사와 동사술어문 3. 명사	중국의 날씨
5	Wǒ xiǎng chī miàn. 저는 국수 먹고 싶어요.	我想吃面。	1. 동사술어문으로 제안하기 2. 想 ~하고 싶다	중국의 용
6	Wǒ shì Hánguórén. 저는 한국 사람이에요.	我是韩国人。	1. 국적 묻고 답하기 2. 긍정과 부정으로 대답하기	섣달 그믐날 밤, 제야(제석)

이 책의 구성

1

일상생활에서 자주 쓰이는 핵심 문장을 수록하였으며,
기초 단어와 함께 공부할 수 있습니다. 간단한 문장부터
보고 들으면서 외워 보세요.

2

어법노트에서는 중국어의 기본 문법을 배울 수 있습니
다. 발음연습으로 기초 발음부터 확실히 연습할 수 있습
니다.

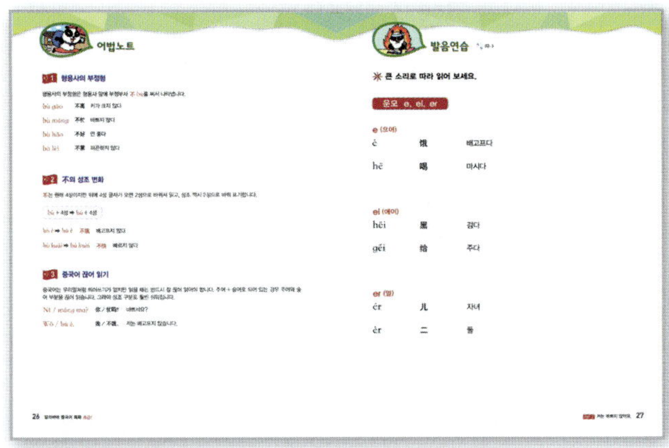

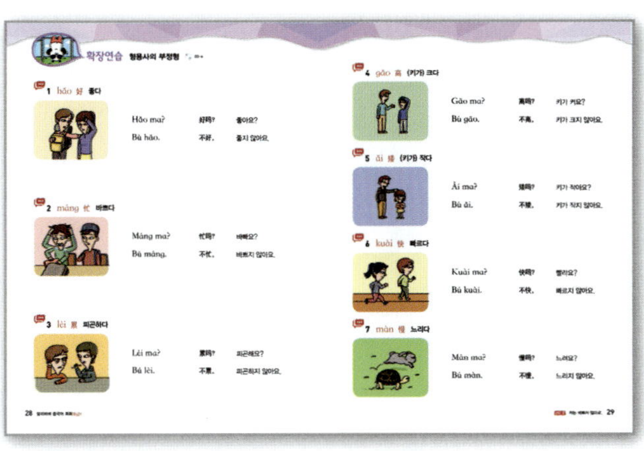

3

확장연습에서 관련 있는 단어끼리 공부하세요. 옆에 있는 삽화는 단어를 더 잘 기억하도록 돕습니다.

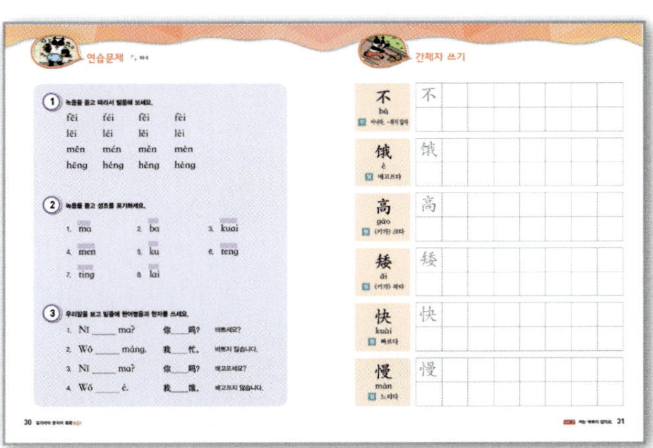

4

연습문제로 앞에서 배운 내용을 한번 더 확인합니다. 간체자를 쓰면서 정확하게 외워 보세요.

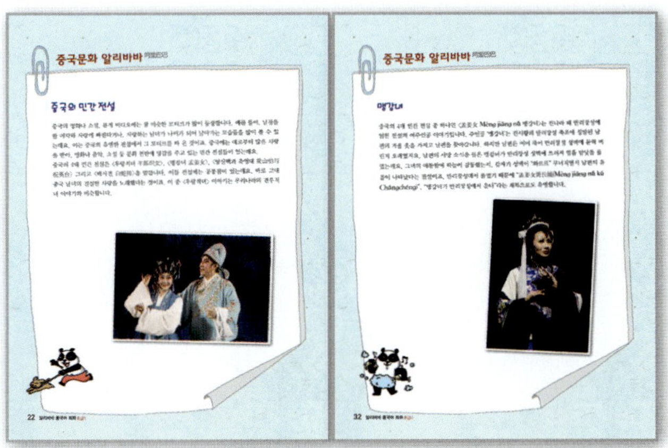

5

중국문화 알리바바를 통해 중국에 대해 더 잘 알 수 있습니다.

Nǐ máng ma?

你忙吗?

바쁘세요?

학습 포인트

1. 다양한 형용사
2. 운모 a와 a로 시작하는 비운모

 Nǐ máng ma?　　你忙吗？

 Wǒ hěn máng.　　我很忙。

 Nǐ lèi ma?　　你累吗？

 Wǒ hěn lèi.　　我很累。

 바빠요?

 아주 바빠요.

 피곤해요?

 아주 피곤해요.

01-2

nǐ	你	대	당신
máng	忙	형	바쁘다
ma	吗	조	~까?, ~요? (의문문 문장 끝에 붙이는 조사)
wǒ	我	대	나
hěn	很	부	매우, 아주
lèi	累	형	피곤하다

어법노트

1 습관처럼 말하는 很

중국어에서는 형용사 앞에 무조건 부사 很 hěn을 넣어서 말해요. 很은 '매우'라는 뜻의 부사이지만 형용사 앞에서 의미 없이 쓰이는 경우도 많습니다. '매우'의 뜻을 강조하고 싶다면 힘을 주어 강하게 발음하세요.

hěn máng   很忙   매우 바쁘다

hěn lèi   很累   매우 피곤하다

2 제3성의 성조 변화

제3성 음절 다음에 2성 음절이 오면 앞의 3성은 내려가는 부분만 발음하고 올라가는 부분은 발음하지 않는데, 이를 반3성이라고 합니다.

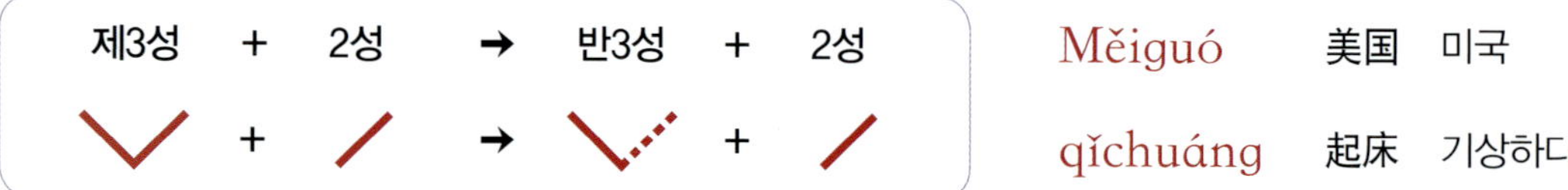

Měiguó   美国   미국

qǐchuáng   起床   기상하다

3 의문문 만들기

중국어에서 의문문을 만드는 방법 중 하나가 바로 문장 끝에 吗 ma를 붙이는 것입니다. 주로 평서문 끝에 吗를 붙여서 의문문을 만듭니다.

Nǐ hěn máng.   你很忙。   당신은 매우 바쁩니다. (평서문)

Nǐ máng ma?   你忙吗？   당신은 바쁩니까? (의문문)

발음연습 01-3

❋ 큰 소리로 따라 읽어 보세요.

운모 a, an, ang

a

bàba	爸爸	아빠
māma	妈妈	엄마
dǎ	打	때리다

an

fàn	饭	밥
kàn	看	보다
nán	难	어렵다

ang

máng	忙	바쁘다
bāng	帮	돕다
cháng	长	길다

1 hǎo 好 좋다

Hǎo ma?	好吗?	좋아요?
Hěn hǎo.	很好。	아주 좋아요.

2 máng 忙 바쁘다

Máng ma?	忙吗?	바빠요?
Hěn máng.	很忙。	아주 바빠요.

3 lèi 累 피곤하다

Lèi ma?	累吗?	피곤해요?
Hěn lèi.	很累。	아주 피곤해요.

4 gāo 高 (키가) 크다

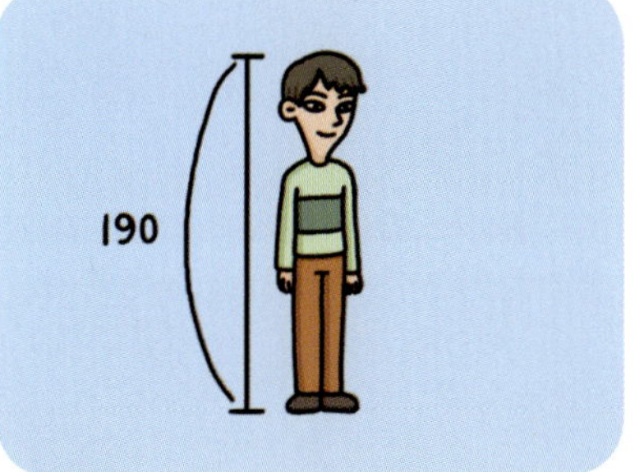

| Gāo ma? | 高吗? | 키가 커요? |
| Hěn gāo. | 很高。 | 아주 커요. |

5 ǎi 矮 (키가) 작다

| Ǎi ma? | 矮吗? | 키가 작아요? |
| Hěn ǎi. | 很矮。 | 아주 작아요. |

6 kuài 快 빠르다

| Kuài ma? | 快吗? | 빨라요? |
| Hěn kuài. | 很快。 | 아주 빨라요. |

7 màn 慢 느리다

| Màn ma? | 慢吗? | 느려요? |
| Hěn màn. | 很慢。 | 아주 느려요. |

1 녹음을 듣고 따라서 발음해 보세요.

bā	bá	bǎ	bà
mā	má	mǎ	mà
dā	dá	dǎ	dà
nān	nán	nǎn	nàn
māng	máng	mǎng	màng

2 발음을 듣고 성조를 표기하세요.

1. lei
2. hao
3. gao
4. ai
5. kuai
6. man

3 우리말을 보고 밑줄에 한어병음을 쓰세요.

1. Nǐ _____ ma?　바빠요?

2. _____ máng.　아주 바빠요.

3. Nǐ lèi _____?　피곤해요?

4. Hěn _____.　아주 피곤해요.

간체자 쓰기

吗 ma 조 ~까?, ~요?	吗						

忙 máng 형 바쁘다	忙						

累 lèi 형 피곤하다	累						

很 hěn 부 매우, 아주	很						

好 hǎo 형 좋다	好						

중국의 민간 전설

중국의 영화나 소설, 뮤직 비디오에는 참 비슷한 모티브가 많이 등장합니다. 예를 들어, 남장을 한 여자와 사랑에 빠진다거나, 사랑하는 남녀가 나비가 되어 날아가는 모습들을 많이 볼 수 있는데요. 이는 중국의 유명한 전설에서 그 모티브를 따 온 것이죠. 중국에는 예로부터 많은 사랑을 받아, 영화나 음악, 소설 등 문화 전반에 영감을 주고 있는 민간 전설들이 있는데요.

중국의 4대 민간 전설은 〈우랑직녀 牛郎织女〉, 〈맹강녀 孟姜女〉, 〈양산백과 축영대 梁山伯与祝英台〉 그리고 〈백사전 白蛇传〉을 말합니다. 이들 전설에는 공통점이 있는데요, 바로 고대 중국 남녀의 진실한 사랑을 노래했다는 점이죠. 이 중 〈우랑직녀〉 이야기는 우리나라의 견우직녀 이야기와 비슷합니다.

Wǒ bù máng.

我不忙。

저는 바쁘지 않아요.

1. 형용사의 부정형
2. 不의 성조 변화

 Nǐ máng ma?　你忙吗？

 Wǒ bù máng.　我不忙。

 Nǐ è ma?　你饿吗？

 Wǒ bú è.　我不饿。

바빠요?

바쁘지 않아요.

배고프세요?

배고프지 않아요.

단어 02-2

| bù | 不 | 부 | 아니다, ~하지 않다 |
| è | 饿 | 형 | 배고프다 |

어법노트

1 형용사의 부정형

형용사의 부정형은 형용사 앞에 부정부사 **不 bù**를 써서 나타냅니다.

bù gāo　　不高　키가 크지 않다

bù máng　　不忙　바쁘지 않다

bù hǎo　　不好　안 좋다

bú lèi　　不累　피곤하지 않다

2 不의 성조 변화

不는 원래 4성이지만 뒤에 4성 글자가 오면 2성으로 바꿔서 읽고, 성조 역시 2성으로 바꿔 표기합니다.

> bù + 4성 ➡ bú + 4성

bù è ➡ bú è　　不饿　배고프지 않다

bù kuài ➡ bú kuài　　不快　빠르지 않다

3 중국어 끊어 읽기

중국어는 우리말처럼 띄어쓰기가 없지만 읽을 때는 반드시 잘 끊어 읽어야 합니다. 주어 + 술어로 되어 있는 경우 주어와 술어 부분을 끊어 읽습니다. 그래야 성조 구분도 훨씬 쉬워집니다.

Nǐ / máng ma?　　你 / 忙吗?　　바쁘세요?

Wǒ / bú è.　　　我 / 不饿。　　저는 배고프지 않습니다.

발음연습 02-3

✳ 큰 소리로 따라 읽어 보세요.

운모 e, ei, er

e (으어)

| è | 饿 | 배고프다 |
| hē | 喝 | 마시다 |

ei (에이)

| hēi | 黑 | 검다 |
| gěi | 给 | 주다 |

er (얼)

| ér | 儿 | 자녀 |
| èr | 二 | 둘 |

확장연습 형용사의 부정형 02-4

 **1** hǎo 好 좋다

Hǎo ma?	好吗?	좋아요?
Bù hǎo.	不好。	좋지 않아요.

2 máng 忙 바쁘다

Máng ma?	忙吗?	바빠요?
Bù máng.	不忙。	바쁘지 않아요.

3 lèi 累 피곤하다

Lèi ma?	累吗?	피곤해요?
Bú lèi.	不累。	피곤하지 않아요.

4 gāo 高 (키가) 크다

| Gāo ma? | 高吗? | 키가 커요? |
| Bù gāo. | 不高。 | 키가 크지 않아요. |

5 ǎi 矮 (키가) 작다

| Ǎi ma? | 矮吗? | 키가 작아요? |
| Bù ǎi. | 不矮。 | 키가 작지 않아요. |

6 kuài 快 빠르다

| Kuài ma? | 快吗? | 빨라요? |
| Bú kuài. | 不快。 | 빠르지 않아요. |

7 màn 慢 느리다

| Màn ma? | 慢吗? | 느려요? |
| Bú màn. | 不慢。 | 느리지 않아요. |

1 녹음을 듣고 따라서 발음해 보세요.

fēi	féi	fěi	fèi
lēi	léi	lěi	lèi
mēn	mén	měn	mèn
hēng	héng	hěng	hèng

2 녹음을 듣고 성조를 표기하세요.

1. ma　　2. ba　　3. kuai

4. men　　5. ku　　6. teng

7. ting　　8. lai

3 우리말을 보고 밑줄에 한어병음과 한자를 쓰세요.

1. Nǐ _____ ma?　　你____吗?　　바쁘세요?

2. Wǒ _____ máng.　　我____忙。　　바쁘지 않습니다.

3. Nǐ _____ ma?　　你____吗?　　배고프세요?

4. Wǒ _____ è.　　我____饿。　　배고프지 않습니다.

간체자 쓰기

不 bù 부 아니다, ~하지 않다	不							

饿 è 형 배고프다	饿							

高 gāo 형 (키가) 크다	高							

矮 ǎi 형 (키가) 작다	矮							

快 kuài 형 빠르다	快							

慢 màn 형 느리다	慢							

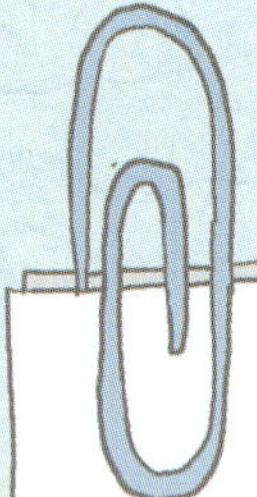

맹강녀

중국의 4대 민간 전설 중 하나인 〈孟姜女 Mèng jiāng nǚ 맹강녀〉는 진나라 때 만리장성에 얽힌 전설의 여주인공 이야기입니다. 주인공 '맹강녀'는 진시황의 만리장성 축조에 징발된 남편의 겨울 옷을 가지고 남편을 찾아갑니다. 하지만 남편은 이미 죽어 만리장성 성벽에 묻혀 버린지 오래였지요. 남편의 사망 소식을 들은 맹강녀가 만리장성 성벽에 쓰러져 열흘 밤낮을 울었는데요, 그녀의 애통함에 하늘이 감동했는지, 갑자기 성벽이 "와르르" 무너지면서 남편의 유골이 나타났다는 전설이죠. 만리장성에서 울었기 때문에 "孟姜女哭长城(Mèng jiāng nǚ kū Chángchéng)", "맹강녀가 만리장성에서 운다"라는 제목으로도 유명합니다.

Tāmen lái bu lái?

他们来不来?

그들이 오나요?

학습 포인트

1. 인칭대명사
2. 동사
3. 정반의문문

 Tā lái ma?   他来吗？

 Tā bù lái.   他不来。

 Tāmen lái bu lái?   他们来不来？

 Tāmen yě bù lái.   他们也不来。

그는 오나요?

그는 오지 않아요.

그들이 오나요?

그들도 오지 않아요.

03-2

tā	他	대	그
lái	来	동	오다
tāmen	他们	대	그들
yě	也	부	~도, 또한

어법 노트

1 정반의문문

형용사나 동사의 긍정형과 부정형을 나란히 사용하여 질문하는 것을 정반의문문이라고 합니다. (형용사 또는 동사의) 긍정형
+ 부정형의 순서로 나열하며, 중간의 不 bù 는 경성으로 발음합니다.

평서문	Tā lái.	他来。	그가 온다.
의문문	Tā lái ma?	他来吗?	그가 오나요?
정반의문문	Tā lái bu lái?	他来不来?	그가 오나요? (와요? 안 와요?)

평서문	Tā chī.	他吃。	그가 먹는다.
의문문	Tā chī ma?	他吃吗?	그가 먹나요?
정반의문문	Tā chī bu chī?	他吃不吃?	그가 먹나요? (먹어요? 안 먹어요?)

2 부사의 위치

부사는 항상 동사나 형용사 앞에 옵니다.

也(~도)	Wǒ yě è.	我也饿。	나도 배가 고프다. (형용사)
	Wǒ yě chī.	我也吃。	나도 먹는다. (동사)
很(매우)	Tā hěn è.	他很饿。	그는 배가 고프다. (형용사)
		他很吃。(X)	동사 吃는 很의 수식을 받지 않음
也와 很이 동시 출현할 경우	Wǒ yě hěn è.	我也很饿。	나도 배가 매우 고프다. (형용사)
	Wǒ yě hěn lèi.	我也很累。	나도 매우 피곤하다. (형용사)
不(~하지 않다)	Wǒ bú lèi.	我不累。	나는 피곤하지 않다. (형용사)
	Wǒ bù chī.	我不吃。	나는 먹지 않겠다. (동사)
也와 不가 동시 출현할 경우	Wǒ yě bú lèi.	我也不累。	나도 피곤하지 않다. (형용사)
	Wǒ yě bù chī.	我也不吃。	나도 먹지 않겠다. (동사)

3 인칭대명사

	단수		복수	
1인칭	我 wǒ (나)		我们 wǒmen (우리)	
2인칭	你 nǐ (너) 您 nín (당신: 존칭)		你们 nǐmen (너희들)	
3인칭	他 tā (그) 她 tā (그녀) 它 tā (그것: 무생명)		他们 tāmen (그들) 她们 tāmen (그녀들) 它们 tāmen (그것들)	

※ '您'은 '您们'으로는 쓰지 않으니 주의하세요.

발음연습  03-3

✳ **큰 소리로 따라 읽어 보세요.**

ai

ài	爱	사랑하다
hǎi	海	바다
gǎi	改	고치다
kāi	开	열다
cài	菜	반찬, 채소

ia

yā	鸭	오리
yá	牙	이
jiǎ	假	가짜
jiā	家	집
xiā	虾	새우

1 chī 吃 먹다

| Chī ma? | 吃吗? | 먹을래요? |
| Bù chī. | 不吃。 | 안 먹어요. |

2 hē 喝 마시다

| Hē ma? | 喝吗? | 마실래요? |
| Bù hē. | 不喝。 | 안 마셔요. |

3 kàn 看 보다

| Kàn ma? | 看吗? | 보세요? |
| Bú kàn. | 不看。 | 안 봐요. |

4 *lái* 来 오다

| Lái bu lái? | 来不来? | 옵니까? |
| Bù lái. | 不来。 | 안 옵니다. |

5 *qù* 去 가다

| Qù bu qù? | 去不去? | 갑니까? |
| Bú qù. | 不去。 | 안 갑니다. |

6 *dǒng* 懂 이해하다

| Dǒng bu dǒng? | 懂不懂? | 이해 돼요? |
| Bù dǒng. | 不懂。 | 이해가 안 돼요. |

1 한자를 보고 한어병음을 쓰세요.

1. **我们** 우리 _____________
2. **你们** 너희들 _____________
3. **他们** 그들 _____________
4. **她们** 그녀들 _____________
5. **他来不来?** 그는 옵니까? _____________

2 녹음을 듣고 한어병음의 성조를 표기하세요.

1. Ta lai ma?

2. Ta bu lai.

3. Tamen lai bu lai?

4. Tamen ye bu lai.

5. Wo ye hen e.

3 아래 문장을 낭독해 보세요.

1. 他来。　　Tā lái.　　　　그가 옵니다.
2. 他来吗?　　Tā lái ma?　　그가 옵니까?
3. 他来不来?　Tā lái bu lái?　그가 옵니까?
4. 他吃。　　Tā chī.　　　　그는 먹습니다.
5. 他吃吗?　　Tā chī ma?　　그는 먹습니까?
6. 他吃不吃?　Tā chī bu chī?　그는 먹습니까?

他	他						
tā							
대 그							

来	来						
lái							
동 오다							

也	也						
yě							
부 ~도, 또한							

喝	喝						
hē							
동 마시다							

去	去						
qù							
동 가다							

懂	懂						
dǒng							
동 이해하다							

고가의 자동차 번호판

중국의 자동차 번호판은 경매를 통해 낙찰됩니다. 번호판은 한자 – 영어 알파벳 – 숫자의 순서로 구성되는데요, 첫 번째 한자는 관할지역을, 두 번째 알파벳은 해당 시를, 그리고 뒤의 숫자는 자동차 번호를 나타냅니다. 粤C88888을 예로 들면, 粤은 광둥성을, C는 주하이시를, 88888은 해당 차량의 번호를 의미하죠. 8이라는 숫자는 '부자가 되다'라는 뜻의 发(fā)와 음이 같습니다. 중국인들이 매우 좋아하는 숫자라서 자동차 번호판에서 고가에 흥정되고 있습니다.

좋은 숫자를 자신의 것으로 만들려는 중국인들, 자동차 번호판의 경우 숫자에 더욱 민감할 수밖에 없는데요, 산시성 타이위안의 晋AY8888과 광저우의 粤A888A1 그리고 粤C88888 등 숫자 8이 들어가는 번호판은 매번 번호판 경매 때마다 엄청난 가격에 거래된다고 합니다.

Tā hē kāfēi.

她喝咖啡。

그녀는 커피를 마셔요.

학습 포인트

1. 동작에 대해 묻고 답하기
2. 동사와 동사술어문
3. 명사

 Nǐ kàn shénme?　你看什么?

 Wǒ kàn shū.　我看书。

 Tā hē shénme?　她喝什么?

 Tā hē kāfēi.　她喝咖啡。

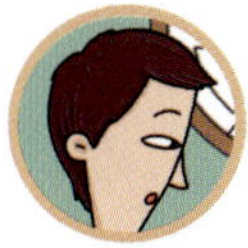 당신은 무엇을 봐요?

 저는 책을 읽어요.

 그녀는 무엇을 마셔요?

 그녀는 커피를 마셔요.

04-2

kàn	看	동 보다
shénme	什么	대 무엇
shū	书	명 책
tā	她	대 그녀
hē	喝	동 마시다
kāfēi	咖啡	명 커피

어법노트

1 동사술어문

동사와 목적어가 쓰일 때 중국어는 '주어 + 동사 + 목적어' 순서로 이루어집니다.

주어 + 목적어 + 동사 (우리말 어순)	➡	주어 + 동사 + 목적어 (중국어 어순)

나는	커피를	마신다.		Wǒ 我	hē 喝	kāfēi. 咖啡。
나는	책을	본다.		Wǒ 我	kàn 看	shū. 书。

2 什么 무엇

什么 shénme는 '무엇'이란 뜻을 가진 의문대사입니다. 의문대사가 쓰인 문장은 의문문을 만들 때 문장 끝에 쓰는 吗 ma 를 같이 사용하지 않습니다.

주어 + 동사 + 목적어

Nǐ 你 당신은	hē 喝 마시다	shénme? 什么? 무엇을	你喝什么吗? (X)	당신은 무엇을 마셔요?
Nǐ 你 당신은	kàn 看 보다	shénme? 什么? 무엇을	你看什么吗? (X)	당신은 무엇을 봐요?

발음연습 04-3

✳ 큰 소리로 따라 읽어 보세요.

운모 en 과 eng

en

mén	门	문
rén	人	사람
shēn	身	몸

eng

téng	疼	아프다
lěng	冷	춥다
mèng	梦	꿈

| rénshēn | 人参 | 인삼 |
| rénshēng | 人生 | 인생 |

| rènzhēn | 认真 | 착실하다 |
| rènzhèngshū | 认证书 | 인증서 |

확장연습 명사  04-4

1 miànbāo 面包 빵

Tā chī shénme?　　他吃什么?
그는 무엇을 먹나요?

Tā chī miànbāo.　　他吃面包。
그는 빵을 먹어요.

2 píngguǒ 苹果 사과

Tā chī shénme?　　他吃什么?
그는 무엇을 먹나요?

Tā chī píngguǒ.　　他吃苹果。
그는 사과를 먹어요.

3 diànshì 电视 텔레비전

Tā kàn shénme?　　他看什么?
그는 무엇을 보나요?

Tā kàn diànshì.　　他看电视。
그는 텔레비전을 봐요.

4   shū 书 책

Tā kàn shénme?   他看什么?
그는 무엇을 보나요?

Tā kàn shū.   他看书。
그는 책을 봐요.

5   kāfēi 咖啡 커피

Nǐ hē shénme?   你喝什么?
당신을 무엇을 마셔요?

Wǒ hē kāfēi.   我喝咖啡。
저는 커피를 마셔요.

6   píjiǔ 啤酒 맥주

Nǐ hē shénme?   你喝什么?
당신을 무엇을 마셔요?

Wǒ hē píjiǔ.   我喝啤酒。
저는 맥주를 마셔요.

1 발음을 듣고 성조를 표기하세요.

1. kan
2. he
3. shenme
4. shu
5. kafei
6. ta

2 우리말과 한어병음을 보고 밑줄에 중국어를 쓰세요.

1. Nǐ <u>kàn</u> shénme?   你 ____ 什么?   당신을 무엇을 봐요?

2. Wǒ kàn <u>shū</u>.   我看 ____。   저는 책을 봐요.

3. Tā <u>hē</u> shénme?   她 __________?   그녀는 무엇을 마셔요?

4. <u>Tā</u> hē <u>kāfēi</u>.   ____ 喝 ______。   그녀는 커피를 마셔요.

3 아래 문장을 낭독해 보세요.

1. 他吃面包。   Tā chī miànbāo.   그는 빵을 먹어요.

2. 他吃苹果。   Tā chī píngguǒ.   그는 사과를 먹어요.

3. 他看电视。   Tā kàn diànshì.   그는 텔레비전을 봐요.

4. 我喝啤酒。   Wǒ hē píjiǔ.   저는 맥주를 마셔요.

간체자 쓰기

看 kàn — 동 보다	看
喝 hē — 동 마시다	喝
书 shū — 명 책	书
咖啡 kāfēi — 명 커피	咖 啡
什么 shénme — 대 무엇	什 么
她 tā — 대 그녀	她

중국의 날씨

중국의 날씨는 계절풍과 대륙성 기후 그리고 다양한 기후 변화를 특징으로 들 수 있습니다. 겨울철 중국 북쪽 지역에서 혹한으로 고생할 때, 남쪽은 30도를 육박하는 더운 여름 날씨를 보이기도 합니다. 이 때문에 중국 남부와 북부는 50도 이상의 온도차를 보일 정도로 기온차가 심하죠. 중국에서 가장 추운 곳은 헤이룽장 성(黑龙江省) 모허현(漠河县)이고, 반대로 제일 더운 곳은 신장위구르자치구(新疆威尔自治区) 투루판(吐鲁番)이라고 하네요.

〈모허현　漠河县　Mòhéxiàn〉

〈투루판　吐鲁番　Tǔlǔfān〉

Wǒ xiǎng chī miàn.

我想吃面。

저는 국수 먹고 싶어요.

학습 포인트

1. 동사술어문으로 제안하기
2. 想 ～하고 싶다

Nǐ è bu è? 你饿不饿?

Wǒ hěn è. 我很饿。

Wǒmen chī hànbǎobāo. 我们吃汉堡包。

Wǒ xiǎng chī miàn. 我想吃面。

05-2

wǒmen	我们	대	우리
chī	吃	동	먹다
hànbǎobāo	汉堡包	명	햄버거
xiǎng	想	조	~하고 싶다
miàn(tiáo)	面(条)	명	국수

어법노트

⭐1 동사술어문으로 제안하기

4과에서 중국어의 기본 어순은 '주어 + 동사 + 목적어'라고 배웠죠? 나와 같이 있는 상대에게 어떤 제안을 하고 싶다면, 주어에 我们 wǒmen(우리)을 넣으면 됩니다.

Wǒmen chī hànbǎobāo.	我们吃汉堡包。	우리 햄버거 먹어요.
Wǒmen chī miàn.	我们吃面。	우리 국수 먹죠.

⭐2 想 ～하고 싶다

중국어 동사술어문의 기본 어순은 '주어 + 동사 + 목적어' 입니다. 만약 조동사가 쓰인다면 조동사는 동사 앞에 옵니다.

> 주어 + 동사 + 목적어

Wǒ	chī	miàn.	
我	吃	面。	저는 국수를 먹어요.
나	먹다	국수	

> 주어 + 조동사 + 동사 + 목적어

Wǒ	xiǎng	chī	miàn.	
我	想	吃	面。	저는 국수를 먹고 싶어요.
나	～하고 싶다	먹다	국수	

Wǒ	xiǎng	hē	kāfēi.	
我	想	喝	咖啡。	저는 커피를 마시고 싶어요.
나	～하고 싶다	마시다	커피	

발음연습 05-3

✳ 큰 소리로 따라 읽어 보세요.

운모 iu, ian, iang, iong, in, ing

iu

| jiǔ | 酒 | 술 |
| qiú | 球 | 공 |

ian

| liǎn | 脸 | 얼굴 |
| tiān | 天 | 하늘 |

iang

| jiāng | 江 | 강 |
| liàng | 亮 | 밝다 |

iong

| xióng | 熊 | 곰 |
| qióng | 穷 | 가난하다 |

in

| xīn | 心 | 마음 |
| xìn | 信 | 편지 |

ing

bīng	冰	얼음
bǐng	饼	과자
bìng	病	질병
píng	瓶	유리병

1　bǐsàbǐng　比萨饼　피자

Wǒmen chī shénme?　我们吃什么?
우리 뭐 먹지?

Wǒmen chī bǐsàbǐng.　我们吃比萨饼。
우리 피자 먹어요.

2　miànbāo　面包　빵

Nǐ xiǎng chī shénme?　你想吃什么?
너 뭐 먹고 싶어?

Wǒ xiǎng chī miànbāo.　我想吃面包。
나는 빵을 먹고 싶어.

3　miàn　面 / miàntiáo　面条　국수

Wǒmen chī shénme?　我们吃什么?
우리 뭐 먹지?

Wǒmen chī miàntiáo.　我们吃面条。
우리 국수 먹읍시다.

4 kělè 可乐 콜라

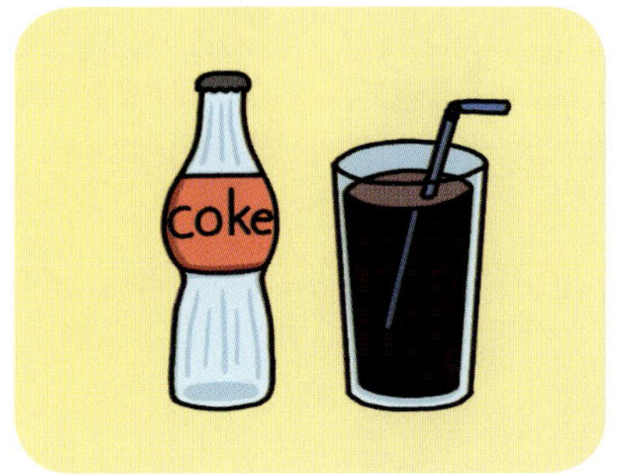

Nǐ hē kělè ma? 你喝可乐吗?
콜라 마셔요?

Wǒ hē kělè. 我喝可乐。
저는 콜라 마셔요.

5 niúnǎi 牛奶 우유

Nǐ bù hē shénme? 你不喝什么?
당신은 무엇을 안 마시죠?

Wǒ bù hē niúnǎi. 我不喝牛奶。
저는 우유 안 마셔요.

6 kuàngquánshuǐ 矿泉水 생수

Wǒmen mǎi shénme? 我们买什么?
우리 뭐 살까요?

Wǒmen mǎi kuàngquánshuǐ.
我们买矿泉水。
우리 생수 사요.

1 다음 한어병음을 읽어보세요.

jiǔ qiú xióng qióng

liǎn tiān jiāng liàng

xīn xìn píng bìng

2 녹음을 듣고 한어병음의 성조를 표기하세요.

1. Ni e bu e?

2. Wo hen e.

3. Women chi hanbaobao.

4. Wo xiang chi mian.

3 우리말 문장을 중국어로 옮기세요.

1. 우리 커피 마셔요. (咖啡　kāfēi　커피) ___________________________

2. 저는 햄버거가 먹고 싶어요. (汉堡包　hànbǎobāo　햄버거)

____

3. 우리 콜라 마셔요. (可乐　kělè　콜라) ___________________________

4. 저는 맥주가 마시고 싶어요. (啤酒　píjiǔ　맥주) ___________________________

我们 wǒmen **대** 우리	我	们				

吃 chī **동** 먹다	吃					

汉堡包 hànbǎobāo **명** 햄버거	汉	堡	包		

面条 miàntiáo **명** 국수	面	条				

可乐 kělè **명** 콜라	可	乐				

想 xiǎng **조** ~하고 싶다	想					

중국의 용

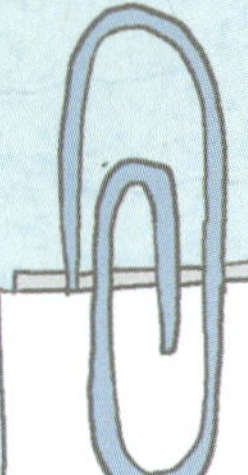

용은 중국 고대전설에 나오는 신기한 동물이죠? 예부터 상서로운 동물로도 여겨져왔습니다. 중국에서는 단결을 강조할 때 '용의 정신'이라는 말을 특히 많이 사용하는데요, 용에는 상승, 활기, 개척, 변화 등의 의미가 담겨있어서 '용의 정신'이 개척 정신과 동일시되기 때문입니다. 중국에서는 이런 전설 속 동물인 용, 봉황, 기린 그리고 거북이를 합쳐 네 가지 상서로운 동물을 '사서수(四瑞兽)'라고 부릅니다.

Wǒ shì Hánguórén.

我是韩国人。

저는 한국 사람이에요.

학습 포인트

1. 국적 묻고 답하기
2. 긍정과 부정으로 대답하기

Nǐ shì Měiguórén ma?
你是美国人吗？

Bù, wǒ shì Zhōngguórén.
不，我是中国人。

Nǐ shì nǎ guó rén?
你是哪国人？

Wǒ shì Hánguórén.
我是韩国人。

06-2

shì	是	동 ~은 …이다
Měiguó	美国	명 미국
rén	人	명 사람
Zhōngguó	中国	명 중국
nǎ	哪	대 어느
guó	国	명 나라

어법노트

1 是자문

A是B(A는 B이다)처럼 동사 是 shì가 술어로 쓰인 문장을 是자문이라고 합니다. 부정형은 'A 不是 B'로 표현해요. 是 다음에는 명사가 온다는 것을 주의하세요!

| Wǒ shì Zhōngguórén. | 我是中国人。 | 저는 중국 사람입니다. |
| Wǒ bú shì Zhōngguórén. | 我不是中国人。 | 저는 중국 사람이 아닙니다. |

| Tā shì lǎoshī. | 他是老师。 | 그는 선생님입니다. |
| Tā bú shì lǎoshī. | 他不是老师。 | 그는 선생님이 아닙니다. |

2 대답으로 쓰이는 是와 不是

1번에서처럼 是 또는 不(是)가 문장 한 가운데 쓰이면 '~이다, ~이 아니다'와 같이 동사술어문이 됩니다. 하지만 단독으로 사용되면 긍정 또는 부정의 대답이 되기도 합니다.

| A: Nǐ shì Hánguórén ma? | 你是韩国人吗? | 당신은 한국 사람입니까? |
| B: Shì, wǒ shì Hánguórén. | 是, 我是韩国人。 | 네, 저는 한국 사람입니다. |

| A: Nǐmen shì xuésheng ma? | 你们是学生吗? | 당신들은 학생입니까? |
| B: Bù, wǒmen shì lǎoshī. | 不, 我们是老师。 | 아니요, 우리는 선생님입니다. |

3 의문대사 哪

哪는 '어느'라는 뜻으로 그 자체만으로 의문의 의미를 갖습니다. 의문대사가 쓰인 문장에는 吗 ma를 사용하지 않습니다.

Nǎ guó	哪国?	哪国吗? (X)	어느 나라요?
Nǎ guó rén?	哪国人?	哪国人吗? (X)	어느 나라 분이죠?
Nǐ shì nǎ guó rén?	你是哪国人?	你是哪国人吗? (X)	당신은 어느 나라 분이십니까?

발음연습 🔊 06-3

✳ **큰 소리로 따라 읽어 보세요.**

ei

méi	没	~않았다
bǐi	北	북쪽
gěi	给	주다

ai

lái	来	오다
mǎi	买	사다
cài	菜	반찬, 채소

mǎi cài	买菜	채소를 사다, 장을 보다
méi mǎi	没买	사지 않았다
méi mǎi cài	没买菜	채소를 사지 않았다, 장을 보지 않았다

1 xuésheng 学生 학생

Tā shì xuésheng ma?   她是学生吗?
그녀는 학생입니까?

Bù, tā shì lǎoshī.   不, 她是老师。
아니요, 그녀는 선생님입니다.

2 lǎoshī 老师 선생님

Nǐ shì lǎoshī ma?   你是老师吗?
당신은 선생님입니까?

Shì, wǒ shì lǎoshī.   是, 我是老师。
네, 저는 선생님입니다.

3 Hánguórén 韩国人 한국 사람

Nǐ shì Zhōngguórén ma?   你是中国人吗?
당신은 중국 사람입니까?

Bù, wǒ shì Hánguórén.   不, 我是韩国人。
아니요, 저는 한국 사람입니다.

4 Měiguó 美国 미국

Tā qù Měiguó ma? 　　　　他去美国吗?
그는 미국에 갑니까?

Bù, tā qù Zhōngguó. 　　　　不, 他去中国。
아니요, 그는 중국에 갑니다.

5 lái 来 오다

Tā lái ma? 　　　　他来吗?
그는 옵니까?

Bù, tā bù lái. 　　　　不, 他不来。
아니요, 그는 안 옵니다.

6 zài 在 ～에 있다

Tā zài Zhōngguó ma? 　　　　他在中国吗?
그는 중국에 있습니까?

Bù, tā bú zài Zhōngguó. 　　　不, 他不在中国。
아니요, 그는 중국에 없어요.

1 다음 한어병음을 읽어 보세요.

jī   qī   xī

nà   nǎ   guó   guò

méi   měi   mèi

zhōng   zhǒng   zhòng

2 녹음을 듣고 성조를 표기하세요.

1. Ni shi Meiguoren ma?

2. Bu shi, Zhongguoren.

3. Ni shi na guo ren?

4. Wo shi Hanguoren.

3 중국어 문장을 보고 우리말 뜻을 쓰세요.

1. 我是韩国人。 (韩国人　Hánguórén　한국 사람)

    ____

2. 你是中国人吗？ (中国人　Zhōngguórén　중국 사람)

    ____

3. 你忙吗？ (忙　máng　바쁘다)

    ____

4. 你饿吗？ (饿　è　배고프다)

    ____

간체자 쓰기

是 shì	是
동 ~이다	

哪 nǎ	哪
대 어느	

国 guó	国
명 나라	

人 rén	人
명 사람	

美国 Měiguó	美 国
명 미국	

中国 Zhōngguó	中 国
명 중국	

섣달 그믐날 밤, 제야 (제석)

중국의 음력 설인 춘제(春节 chūnjié)도 유명하지만 중국 사람들은 섣달 그믐날 밤을 더 중시합니다.

섣달 그믐날 밤을 "석(夕 xī)을 물리친다"고 해서 '제석(除夕 chúxī)'이라고 하는데요, 여기에는 유래가 있습니다. 옛날 옛적에 '석(夕)'이라 불리는 흉악한 동물이 한해를 마무리 할 때 쯤 나타나 사람들을 해쳤다고 합니다. 사람들은 석이란 동물이 가장 두려워하는 것은 붉은 색과 시끄러운 소리라는 것을 알고는 매년 음력 12월 30일 밤마다 대문에 붉은 대련을 붙이고, 폭죽을 터뜨렸는데요, 이런 풍습이 오늘날까지 내려오게 됐다고 합니다. 중국인들은 섣달 그믐날 밤, 먹고 마시며 뜬 눈으로 밤을 지새워요. 북방 사람들은 주로 만두를 빚어 먹고, 남방 사람들은 설떡을 만들어 먹습니다. 만두는 그 모양이 옛날 엽전 같아 행운을 안겨주고, 설떡은 "해마다 발전한다"는 뜻의 '年糕=年高(nián gāo)'와 음이 같아 행운을 상징하는 것으로 통합니다.

Zhè shì shénme?

这是什么?

이것은 뭐예요?

1. 의문대사 什么
2. 이것과 저것

 Zhè shì shénme?　　这是什么?

 Zhè shì shū.　　这是书。

 Nà shì shénme?　　那是什么?

 Nà shì bǐ.　　那是笔。

이것은 뭐예요?

이것은 책이에요.

저것은 뭐예요?

저것은 펜이에요.

 07-2

zhè	这	대	이것
shénme	什么	의	무엇
shū	书	명	책
nà	那	대	저것, 그것
bǐ	笔	명	펜

어법노트

1 什么를 사용한 의문문

什么 shénme는 '무엇'이라는 뜻의 의문대사입니다. 의문대사가 들어간 의문문에는 吗 ma를 사용하지 않습니다.
대답은 什么자리에 적당한 명사를 넣으면 됩니다.

Zhè shì shénme?	这是什么？	이것은 무엇입니까?
Zhè shì shū.	这是书。	이것은 책입니다.
Nà shì shénme?	那是什么？	저것은 무엇입니까?
Nà shì bǐ.	那是笔。	저것은 펜입니다.
Nǐ chī shénme?	你吃什么？	당신을 무엇을 먹나요?
Wǒ chī miànbāo.	我吃面包。	저는 빵을 먹어요.
Nǐ hē shénme?	你喝什么？	당신은 무엇을 마십니까?
Wǒ hē píjiǔ.	我喝啤酒。	저는 맥주를 마십니다.

2 대명사

사람, 사물, 장소 등을 가리키거나 대신하는 대명사를 알아볼까요?

단수	복수
这 zhè 이 这个 zhège 이것	这些 zhèxiē 이것들
那 nà 저, 그 那个 nàge 저것, 그것	那些 nàxiē 저것들, 그것들

这是什么？	Zhè shì shénme?	이것은 무엇입니까?
这些是什么？	Zhèxiē shì shénme?	이것들은 무엇입니까?
那是什么？	Nà shì shénme?	저것은 무엇입니까?
那些是什么？	Nàxiē shì shénme?	저것들은 무엇입니까?

발음연습 07-3

✳ 큰 소리로 따라 읽어 보세요.

운모 uai, uan, uang

uai

wài	外	바깥
huài	坏	나쁘다
guài	怪	이상하다

uan

wǎn	晚	늦다
duǎn	短	짧다
huàn	换	교환하다

uang

wáng	王	왕
huáng	黄	노란색
zhuàng	撞	부딪히다

1 zhuōzi 桌子 책상

Zhè shì shénme?　　这是什么?
이것은 무엇입니까?

Zhè shì zhuōzi.　　这是桌子。
이것은 책상입니다.

2 shūbāo 书包 책가방

Zhè shì shénme?　　这是什么?
이것은 무엇입니까?

Zhè shì shūbāo.　　这是书包。
이것은 책가방입니다.

3 shuǐguǒ 水果 과일

Zhè shì shénme?　　这是什么?
이것은 무엇입니까?

Zhè shì shuǐguǒ.　　这是水果。
이것은 과일입니다.

4 píngguǒ 苹果 사과

Nà shì shénme?　　　　　　　　那是什么？
저것은 무엇입니까?

Nà shì píngguǒ.　　　　　　　那是苹果。
저것은 사과입니다.

5 shǒujī 手机 휴대전화

Nà shì shénme?　　　　　　　　那是什么？
저것은 무엇입니까?

Nà shì shǒujī.　　　　　　　　那是手机。
저것은 휴대전화입니다.

6 diànnǎo 电脑 컴퓨터

Nà shì shénme?　　　　　　　　那是什么？
저것은 무엇입니까?

Nà shì diànnǎo.　　　　　　　那是电脑。
저것은 컴퓨터입니다.

1 녹음을 듣고 따라서 발음해 보세요.

wàimian	外面	바깥
huài le	坏了	상했다
qíguài	奇怪	이상하다
wǎnshang	晚上	저녁
hěn duǎn	很短	매우 짧다
huànchē	换车	환승하다
guówáng	国王	국왕
huángsè	黄色	노란색
zhuàngdǎo	撞倒	부딪혀 쓰러지다

2 발음을 듣고 성조를 표기하세요.

1. zhuozi
2. shubao
3. shuiguo
4. pingguo
5. shouji
6. diannao

3 우리말을 보고 밑줄에 한어병음을 쓰세요.

1. Zhè shì __________? 이것은 무엇입니까?

2. Zhè shì __________. 이것은 책입니다.

3. __________ shì shénme? 저것은 무엇입니까?

4. Nà shì __________. 저것은 펜입니다.

这
zhè
대 이것

| 这 | | | | | | | |

那
nà
대 저것, 그것

| 那 | | | | | | | |

什么
shénme
의 무엇

| 什 | 么 | | | | | |

书
shū
명 책

| 书 | | | | | | | |

笔
bǐ
명 펜

| 笔 | | | | | | | |

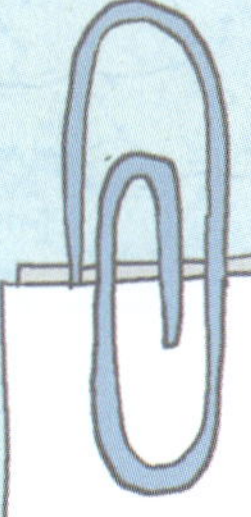

중국의 전통 주택 양식 - 토루(土楼 tǔlóu)

토루는 주로 푸젠성에 분포되어 있어서 중국인들은 토루를 말할 때 '푸젠토루' 또는 '푸젠객가토루'라고 합니다. 원형 또는 사각형으로 된 건축양식으로, 겉모습만 봤을 때는 하나의 거대한 성처럼 생겼고, 적게는 수십 명, 많게는 수백 명까지 집단적으로 생활할 수 있게 지어졌습니다. 일반적으로 저층은 식당과 주방이고, 2층은 창고, 3층 이상은 주인과 손님의 침실로 되어 있으며 각각의 작은 가구 혹은 방으로 독립되어 있고 공용 복도를 통해 연결되어 있습니다.

토루는 방어기능을 중요시해 지어진 건축 양식인데요, 4세기경부터 전쟁을 피해 타지로 이주해 간 객가(客家 Kèjiā)인들이 송나라 시대부터 푸젠성에 정착해 폐쇄적인 구조의 토루를 짓게 된 것이죠. 푸젠성에는 현재 1만여 개의 토루가 현존하고 있고, 그 중 일부는 유네스코 세계문화유산에 등재되어 있습니다.

〈토루 土楼〉

Zhè shì shénme yánsè?

这是什么颜色?

이것은 무슨 색이에요?

1. 什么 + 명사
2. 색에 대해 묻고 답하기

Zhè shì shénme yánsè?
这是什么颜色?

Zhè shì hóngsè.
这是红色。

Zhè shì shénme zì?
这是什么字?

Zhè shì "hǎo" zì.
这是 "好" 字。

이것은 무슨 색이에요?

이것은 빨강색이에요.

이것은 무슨 글자예요?

이것은 '좋을 호'자예요.

08-2

yánsè	颜色	명	색깔
hóngsè	红色	명	빨간색
zì	字	명	글자
hǎo	好	형	좋다

어법노트

1 什么 + 명사

什么 shénme는 '무엇(what)'이란 뜻 외에 '무슨', '어떤'이란 의미도 있습니다. 이 경우 什么는 명사 앞에 쓰여 사람이나 사물을 묻는 말이 됩니다.

Zhè shì shénme yánsè?	这是什么颜色?	이것은 무슨 색입니까?
Nǐ jiào shénme míngzi?	你叫什么名字?	당신의 이름은 무엇입니까?

2 그림으로 배우는 색

●	黑色	hēisè	검은색	○	白色	báisè	흰색
●	黄色	huángsè	노란색	●	蓝色	lánsè	파란색
●	绿色	lùsè	초록색	●	紫色	zǐsè	보라색
●	灰色	huīsè	회색				

발음연습  08-3

✳ **큰 소리로 따라 읽어 보세요.**

운모

yan(ian)

yánsè	颜色	색깔
yǎnjing	眼睛	눈
yǎnjìng	眼镜	안경
jiǎndān	简单	간단하다

yu(ü)

yǔyán	语言	언어
yǔsǎn	雨伞	우산
yújiā	瑜珈	요가
xìqǔ	戏曲	중국 전통극, 희곡

yuan(uan)

yáoyuǎn	遥远	멀다
yǒngyuǎn	永远	영원하다
quàngào	劝告	충고하다
yuánquān	圆圈	동그라미

1 hēisè 黑色 검은색

Zhè shì shénme yánsè?　　　这是什么颜色?
이것은 무슨 색깔입니까?

Zhè shì hēisè.　　　这是黑色。
이것은 검은색입니다.

2 báisè 白色 흰색

Zhè shì shénme yánsè?　　　这是什么颜色?
이것은 무슨 색깔입니까?

Zhè shì báisè.　　　这是白色。
이것은 흰색입니다.

3 lùsè 绿色 초록색

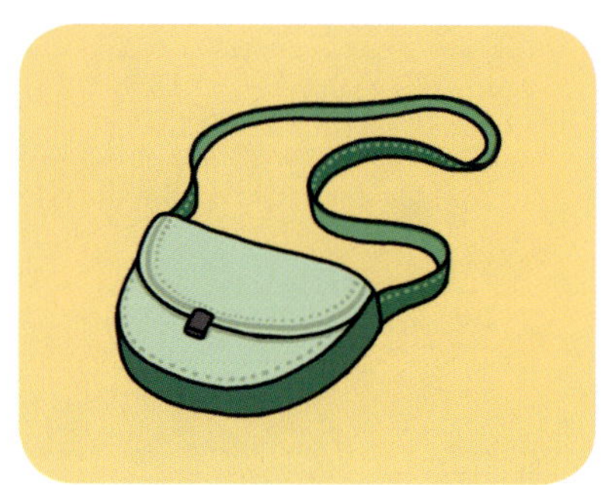

Zhè shì shénme yánsè?　　　这是什么颜色?
이것은 무슨 색깔입니까?

Zhè shì lùsè.　　　这是绿色。
이것은 초록색입니다.

4 ài 爱 사랑하다

Zhè shì shénme zì?　　　这是什么字?
이것은 무슨 글자입니까?

Zhè shì "ài" zì.　　　这是 "爱" 字。
이것은 '사랑 애'자입니다.

5 lái 来 오다

Zhè shì shénme zì?　　　这是什么字?
이것은 무슨 글자입니까?

Zhè shì "lái" zì.　　　这是 "来" 字。
이것은 '올 래'자입니다.

6 míngzi 名字 이름

Nǐ jiào shénme míngzi?　　　你叫什么名字?
당신의 이름은 무엇입니까?

Wǒ jiào Chéng Lóng.　　　我叫成龙。
제 이름은 성룡입니다.

1 녹음을 듣고 따라서 발음해 보세요.

hēisè	黑色	검은색		báisè	白色	흰색
huángsè	黄色	노란색		lánsè	蓝色	파란색
lǜsè	绿色	초록색		zǐsè	紫色	보라색
huīsè	灰色	회색				

2 녹음을 듣고 성조를 표기하세요.

1. Zhè shì shenme yanse?

2. Zhè shì hongse.

3. Zhe shì shénme zì?

4. Zhè shì "hao" zì.

3 우리말을 보고 밑줄에 한어병음을 쓰세요.

1. Zhè shì _______. 이것은 검은색입니다.

2. Zhè shì _______. 이것은 흰색입니다.

3. Zhè shì _______. 이것은 초록색입니다.

4. _________ "ài" zì. 이것은 '사랑 애' 자입니다.

5. Nǐ _________________? 당신의 이름은 무엇입니까?

颜色 yánsè
명 색깔

颜	色					

红色 hóngsè
명 빨간색

红	色					

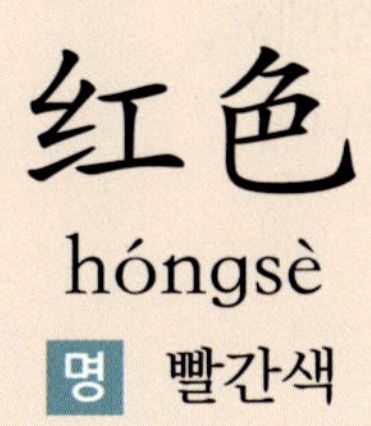

字 zì
명 글자

字					

爱 ài
동 사랑하다

爱					

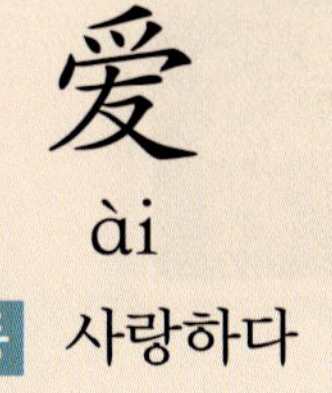

名字 míngzi
명 이름

名	字					

중국의 전통 가옥 양식-요동(窑洞 *yáodòng*)

요동(窑洞 *yáodòng*)은 동굴집이란 뜻으로 샨씨(陝西), 허난(河南), 깐쑤(甘肅) 등 중국 서북 황하(黃河) 중류에 걸쳐 넓게 분포된 황토 고원 주민들의 주거 양식인데요, 4천 년 전 황토 고원 지대에서는 자연 절벽에 토굴을 파거나, 평탄한 산 위에 황토를 파서 집을 지었다고 합니다. 요동은 자연 환경이나 외부의 적으로부터 스스로를 보호하기 위해 개발된 건축양식인데요, 주로 강우량이 적은 건조지역에 이런 집들이 많이 지어져 오랜시간 보전이 가능했습니다.

〈요동 窑洞〉

Nǐ qù nǎr?

你去哪儿?

어디 가세요?

1. 의문대사 哪儿
2. ~에 갑니다
3. ~하러 갑니다

 **Nǐ qù nǎr?** 你去哪儿？

 **Wǒ qù túshūguǎn.** 我去图书馆。
Nǐ qù nǎr? 你去哪儿？

 **Wǒ qù chī fàn.** 我去吃饭。

 어디 가세요?

 도서관에 가요.
어디 가세요?

 밥 먹으러 가요.

 09-2

qù	去	동	가다
nǎr	哪儿	대	어디
túshūguǎn	图书馆	명	도서관
chī fàn	吃饭		밥을 먹다

어법노트

1 의문대사 哪儿

哪儿 nǎr은 '어디'라는 의미의 의문대사입니다. 哪里 nǎli 는 같은 의미로 쓰입니다.

nǎr 哪儿   nǎli   哪里   어디

Nǐ qù nǎr?	你去哪儿?	어디 가세요?
Nǐ qù nǎr chī fàn ?	你去哪儿吃饭?	식사하러 어디 가세요?
Míngtiān nǐ qù nǎr?	明天你去哪儿?	내일 어디 가세요?

2 ～에 갑니다

주어	+	去	+	목적어(장소)

Wǒ 我 나	qù 去 가다	Zhōngguó 中国 중국
		xuéxiào 学校 학교

Wǒ qù Zhōngguó.	我去中国。	저는 중국에 갑니다.
Wǒ qù xuéxiào.	我去学校。	저는 학교에 갑니다.

3 ～하러 갑니다

주어	+	去	+	동사 + 목적어

Wǒ 我 나	qù 去 가다	chī fàn 吃饭 밥을 먹다
		mǎi dōngxi 买东西 물건을 사다

Wǒ qù chī fàn.	我去吃饭。	저는 식사하러 갑니다.
Wǒ qù mǎi dōngxi.	我去买东西。	저는 물건을 사러 갑니다.

발음연습 09-3

✳ 큰 소리로 따라 읽어 보세요.

결합운모 ü

1. 아래의 운모는 ü 다음에 다른 운모가 결합하여 만들어진 것으로, ü가 성모 없이 단독으로 쓰일 때는 yu로 표기합니다.

2. 성모 j, q, x와 결합할 때는 ü의 두 점을 떼어버리고 u로 표기합니다.

• ü(yu) 위	júzi	橘子	귤
	qù	去	가다
	xūyào	需要	필요하다
• üe(yue) 위예	juéde	觉得	~라고 느끼다
	quèshí	确实	확실히
	xuéxí	学习	공부하다
• üan(yuan) 위엔	chūnjuǎn	春卷	스프링롤
	quánbù	全部	전부
	xuǎnzé	选择	선택하다
• ün(yun) 윈	jūnduì	军队	군대
	qúnzi	裙子	치마
	xùnliàn	训练	훈련하다

확장연습 哪儿 어디  09-4

1 nǎr 哪儿 어디

Nǐ qù nǎr?

你去哪儿?
어디 가세요?

2 nǐmen 你们 너희들

Nǐmen qù nǎr?

你们去哪儿?
너희들 어디 가니?

3 wǒmen 我们 우리들

Wǒmen qù nǎr?

我们去哪儿?
우리 어디 갈까?

4 tāmen 他们 그들

Tāmen qù nǎr? 　　　　　　他们去哪儿?

그들은 어디 가는 거지?

5 míngtiān 明天 내일

Míngtiān nǐ qù nǎr? 　　　　明天你去哪儿?

내일 어디 가세요?

6 chī fàn 吃饭 밥을 먹다

Nǐ qù nǎr chī fàn? 　　　　你去哪儿吃饭?

식사하러 어디 가세요?

1 제시된 단어로 질문에 답해보세요.

1. **xuéxiào** 学校 학교

   Q: Nǐ qù nǎr?　　　你去哪儿?　　　어디 가세요?
   A: Wǒ qù ________.　　　我去________。　　　나는 <u>학교</u>에 갑니다.

2. **yīyuàn** 医院 병원

   Q: Nǐ qù nǎr?　　　你去哪儿?　　　어디 가세요?
   A: Wǒ qù ________.　　　我去______。　　　나는 <u>병원</u>에 갑니다.

3. **yóujú** 邮局 우체국

   Q: Nǐ qù nǎr?　　　你去哪儿?　　　어디 가세요?
   A: Wǒ qù ________.　　　我去______。　　　나는 <u>우체국</u>에 갑니다.

4. **shāngdiàn** 商店 상점

   Q: Nǐ qù nǎr?　　　你去哪儿?　　　어디 가세요?
   A: Wǒ qù ________.　　　我去______。　　　나는 <u>상점</u>에 갑니다.

5. **chī fàn** 吃饭 밥을 먹다

   Q: Nǐ qù nǎr?　　　你去哪儿?　　　어디 가세요?
   A: Wǒ qù ________.　　　我去______。　　　나는 <u>밥 먹으러</u> 갑니다.

6. **xiūxi** 休息 쉬다

   Q: Nǐ qù nǎr?　　　你去哪儿?　　　어디 가세요?
   A: Wǒ qù ________.　　　我去______。　　　나는 <u>쉬러</u> 갑니다.

7. **shuìjiào** 睡觉 잠을 자다

   Q: Nǐ qù nǎr?　　　你去哪儿?　　　어디 가세요?
   A: Wǒ qù ________.　　　我去______。　　　나는 <u>잠을 자러</u> 갑니다.

8. **mǎi dōngxi** 买东西 물건을 사다

   Q: Nǐ qù nǎr?　　　你去哪儿?　　　어디 가세요?
   A: Wǒ qù __________.　　　我去__________。　　　나는 <u>물건을 사러</u> 갑니다.

간체자 쓰기

图书馆
túshūguǎn
 명 도서관

图	书	馆			

学校
xuéxiào
명 학교

学	校			

哪儿
nǎr
대 어디

哪	儿			

买
mǎi
동 사다

买			

东西
dōngxi
 명 물건

东	西			

경극(京剧 jīngjù)

경극은 중국의 전통 공연 예술 중 하나로 장국영이 주연을 맡은 영화 속에 등장한 〈패왕별희〉가 바로 경극의 대표작인데요, 배우들이 얼굴에 색칠을 하고 등장하는 경극은 청나라 말 중국 전통 가극인 곤곡의 영향을 받아 베이징에서 발전했기 때문에 붙여진 이름입니다. 경극 배우들은 얼굴에 색칠을 하고 무대에 서는데요, 색에도 의미가 있습니다. 빨간색은 나라를 사랑하는 충성심을, 흰색은 교활함을, 황금색은 귀신이나 요괴 등을 나타내죠. 근세에 와서는 여자역 남자배우 메이란팡(梅蘭芳)에 의해 경극이 한층 발전하여 해외에서는 '베이징 오페라'로 알려져 있을 만큼 독특한 예술성으로 높은 평가를 받고 있습니다.

〈경극 京剧〉

Zài Shànghǎi gàn shénme?

在上海干什么?

상하이에서 뭐해요?

1. 在　～에 있다, ～에서
2. ～에서 …을 합니다
3. 무엇을 합니까?

 Tā zài Zhōngguó ma?
他在中国吗?

 Duì! Tā zài Shànghǎi.
对! 他在上海。

 Zài Shànghǎi gàn shénme?
在上海干什么?

 Zài Shànghǎi shàngbān.
在上海上班。

그 사람 중국에 있어요?

네! 상하이에 있어요.

상하이에서 뭐해요?

상하이에서 직장에 다녀요.

10-2

zài	在	동 ~에 있다　개 ~에서	
duì	对	형 맞다	
Shànghǎi	上海	명 상하이	
gàn	干	동 하다	
shàngbān	上班	동 출근하다, 일을 시작하다	

어법노트

1 在 ~에 있다, ~에서

(1) ~에 있다

주어	+	在	+	목적어(장소)

Wǒ 我 나　　zài 在 ~에 있다　　　Hánguó 韩国 한국
　　　　　　　　　　　　　　　　Rìběn 日本 일본

Wǒ zài Hánguó.　　　我在韩国。　　　저는 한국에 있습니다.
Wǒ zài Rìběn.　　　　我在日本。　　　저는 일본에 있습니다.

(2) ~에서 …을 하다

주어	+	在 + 장소	+	동사 + 목적어

Wǒ 我 나　　zài xuéxiào 在学校 학교에서　　xuéxí Hànyǔ 学习汉语 중국어를 공부하다
　　　　　　　　　　　　　　　　　　　　shàngkè 上课 수업을 하다

Wǒ zài xuéxiào xuéxí Hànyǔ.　　　我在学校学习汉语。　　　저는 학교에서 중국어를 공부합니다.
Wǒ zài xuéxiào shàngkè.　　　　　我在学校上课。　　　　저는 학교에서 수업을 합니다.

2 무엇을 합니까?

gàn shénme? 干什么?	=	zuò shénme? 做什么?	무엇을 합니까?

Tā gàn shénme?　　　　　　　他干什么?　　　　그는 무엇을 합니까?
Tā xuéxí Hànyǔ.　　　　　　他学习汉语。　　　그는 중국어를 공부합니다.

Tā zài Zhōngguó gàn shénme?　　他在中国干什么?　　그는 중국에서 무엇을 합니까?
Tā zài Zhōngguó shàngbān.　　　他在中国上班。　　그는 중국에서 직장에 다녀요.

발음연습 🔊 10-3

✳ 큰 소리로 따라 읽어 보세요.

z, zh 성모 연습

z	zh
zài 在 ~에 있다, ~에서	lù zhǎi 路窄 길이 좁다
Zài jiàn 再见 또 만나요!	zhāi huā 摘花 꽃을 꺾다
zǎoshang 早上 아침	zhāohu 招呼 인사하다
zérèn 责任 책임	zhège 这个 이것
zēngjiā 增加 증가하다	zhěngqí 整齐 깔끔하다

확장연습 在 ~에 있다, ~에서

1 xuéxiào 学校 학교

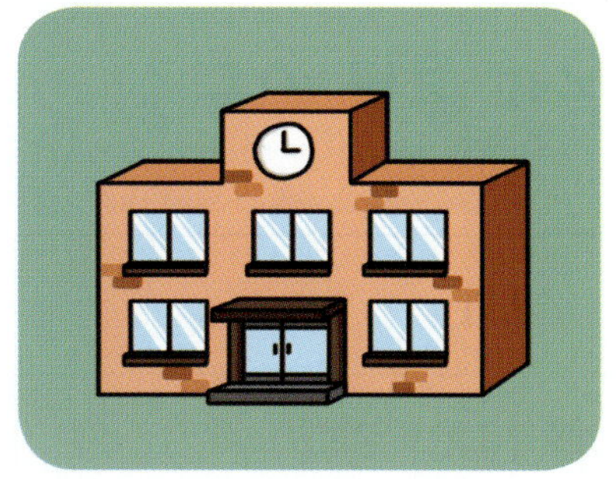

Nǐ zài nǎr?   你在哪儿?
당신은 어디에 있습니까?

Wǒ zài xuéxiào.   我在学校。
저는 학교에 있습니다.

2 túshūguǎn 图书馆 도서관

Nǐ zài nǎr?   你在哪儿?
당신은 어디에 있습니까?

Wǒ zài túshūguǎn.   我在图书馆。
저는 도서관에 있습니다.

3 yóujú 邮局 우체국

Nǐ zài nǎr?   你在哪儿?
당신은 어디에 있습니까?

Wǒ zài yóujú.   我在邮局。
저는 우체국에 있습니다.

4   shāngdiàn   商店   상점

Nǐ zài nǎr?   你在哪儿?
당신은 어디에 있습니까?

Wǒ zài shāngdiàn.   我在商店。
저는 상점에 있습니다.

5   yīyuàn   医院   병원

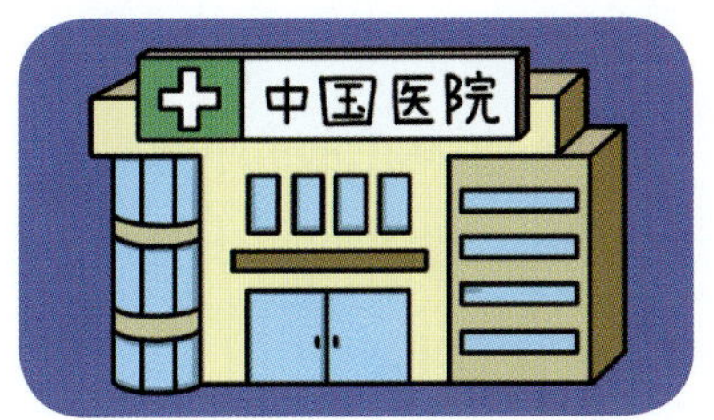

Nǐ zài nǎr?   你在哪儿?
당신은 어디에 있습니까?

Wǒ zài yīyuàn.   我在医院。
저는 병원에 있습니다.

6   xuéxí Hànyǔ   学习汉语   중국어를 공부하다

Nǐ zài xuéxiào gàn shénme?   你在学校干什么?
학교에서 무엇을 합니까?

Xuéxí Hànyǔ.   学习汉语。
중국어를 공부합니다.

7   mǎi dōngxi   买东西   물건을 사다

Nǐ zài shāngdiàn gàn shénme?   你在商店干什么?
상점에서 무엇을 합니까?

Mǎi dōngxi.   买东西。
물건을 삽니다.

1 녹음을 듣고 발음을 연습해 보세요.

1.	xuéxiào	学校	학교
2.	túshūguǎn	图书馆	도서관
3.	yóujú	邮局	우체국
4.	shāngdiàn	商店	상점
5.	yīyuàn	医院	병원
6.	xuéxí	学习	공부하다
7.	Hànyǔ	汉语	중국어
8.	mǎi	买	사다
9.	dōngxi	东西	물건

2 우리말 문장을 중국어로 쓰세요.

1. 그는 상하이에 있습니까? ________________________

2. 그는 상하이에서 직장에 다닙니까? ________________________

3. 그는 학교에 있습니까? ________________________

4. 그는 학교에서 중국어를 공부합니까? ________________________

5. 그는 학교에서 무엇을 공부합니까? ________________________

| 对
duì
형 맞다 | 对 | | | | | | | |

| 在
zài
동 ~에 있다
개 ~에서 | 在 | | | | | | | |

| 干
gàn
동 하다 | 干 | | | | | | | |

| 上海
Shànghǎi
명 상하이 | 上 海 | | | |

| 上班
shàngbān
동 출근하다,
일을 시작하다 | 上 班 | | | |

쓰촨성의 천극

쓰촨성에는 전통극으로 천극(川剧 chuānjù)이 유명한데요, 가면을 바꾸는 변검이 천극의 가장 매력적인 특징입니다. 천극은 중국 경극이나 월극 등과 같이 중국의 오대 전통극은 아니지만, 한족의 전통극으로 잘 보존되어 2006년에 유네스코 세계 무형문화재에 등재됐을 정도로 유명합니다.

〈천극 川剧〉

Nǐ yǒu nǚpéngyou ma?

你有女朋友吗?

여자 친구 있어요?

1. 가지고 있다, 없다
2. 가구와 가전제품

 **Nǐ yǒu nǚpéngyou ma?**
你有女朋友吗?

 **Méiyǒu.**
没有。
Nǐ yǒu méiyǒu nánpéngyou?
你有没有男朋友?

 **Yǒu.**
有。

 여자 친구 있어요?

 없어요.
남자 친구 있어요?

 있어요.

 11-2

yǒu	有	동	가지고 있다, 있다
péngyou	朋友	명	친구
nǚpéngyou	女朋友	명	여자 친구
méiyǒu	没有	동	없다
nánpéngyou	男朋友	명	남자 친구

어법노트

1 有와 没有

有 yǒu는 '가지고 있다'라는 뜻이고, 부정형은 没有 méiyǒu입니다. 不有 라고 하지 않도록 주의하세요.
'~가 있나요?'라는 의문문은 有吗? 도 되지만, 정반의문문의 형식을 취한 有没有? 로 물어볼 수도 있습니다.

Wǒ yǒu nánpéngyou.	我有男朋友。	저는 남자 친구가 있어요.
Wǒ méiyǒu nánpéngyou.	我没有男朋友。	저는 남자 친구가 없어요.
Nǐ yǒu méiyǒu nánpéngyou?	你有没有男朋友?	당신은 남자 친구가 있어요?
Nǐ yǒu nánpéngyou ma?	=你有男朋友吗?	

2 간단한 대답이 될 수도 있는 有와 没有

有와 没有는 단독으로 쓰여 긍정과 부정의 대답을 할 수 있습니다.

有。	Yǒu.	있습니다.
没有。	Méiyǒu.	없습니다.

✳ 큰 소리로 따라 읽어 보세요.

2성과 3성의 결합 단어

	1성	2성	3성	4성	경성
2성	yángcōng 洋葱 양파	pútáo 葡萄 포도	mángguǒ 芒果 망고	báicài 白菜 배추	péngyou 朋友 친구
3성	lǎoshī 老师 선생님	nǚpéngyou 女朋友 여자 친구	shuǐguǒ 水果 과일	kělè 可乐 콜라	jiějie 姐姐 언니, 누나

문장 연습

四是四	sì shì sì	4는 4
十是十	shí shì shí	10은 10
十四是十四	shí sì shì shí sì	14는 14
四十是四十	sì shí shì sì shí	40은 40

1　zhuōzi　桌子　책상

Yǒu méiyǒu zhuōzi?　　　有没有桌子?
　　　　　　　　　　　　책상 있습니까?

Yǒu.　　　　　　　　　　　　有。
　　　　　　　　　　　　　　있어요.

2　yǐzi　椅子　의자

Yǒu méiyǒu yǐzi?　　　　有没有椅子?
　　　　　　　　　　　　의자 있습니까?

Yǒu.　　　　　　　　　　　　有。
　　　　　　　　　　　　　　있어요.

3　diànnǎo　电脑　컴퓨터

Yǒu méiyǒu diànnǎo?　　　有没有电脑?
　　　　　　　　　　　　컴퓨터 있습니까?

Yǒu.　　　　　　　　　　　　有。
　　　　　　　　　　　　　　있어요.

4 diànshì 电视 텔레비전

Yǒu méiyǒu diànshì?　　　有没有电视?

텔레비전 있습니까?

Méiyǒu.　　　没有。

없어요.

5 shǒujī 手机 휴대전화

Yǒu méiyǒu shǒujī?　　　有没有手机?

휴대전화 있습니까?

Méiyǒu.　　　没有。

없어요.

6 táidēng 台灯 탁상용 전등

Yǒu méiyǒu táidēng?　　　有没有台灯?

탁상용 전등 있습니까?

Méiyǒu.　　　没有。

없어요.

1 녹음을 듣고 따라서 읽어 보세요.

lǎoshī	hǎochī	měitiān	diǎnxīn
wǎngqiú	lǚxíng	cǎoméi	jiějué
hěn hǎo	shuǐguǒ	wǔdǎo	fǎyǔ
kělè	lǐwù	hǎoxiàng	bǐsài

2 녹음을 듣고 성조를 표기하세요.

A: 你有女朋友吗?　　Nǐ yǒu 1) nüpengyou ma?

B: 没有。　　2) Meiyou.

　　你有没有男朋友?　　3) Ni　4) you meiyou nánpéngyou?

A: 有。　　5) You.

3 주어진 문형과 단어를 활용하여 우리말 문장을 중국어로 쓰세요.

有~吗? 또는 有没有~? ~ 있습니까?

桌子 zhuōzi 책상	电脑 diànnǎo 컴퓨터
手机 shǒujī 휴대전화	

1. 컴퓨터 있습니까? ____________________

2. 책상 있습니까? ____________________

3. 휴대전화 있습니까? ____________________

간체자 쓰기

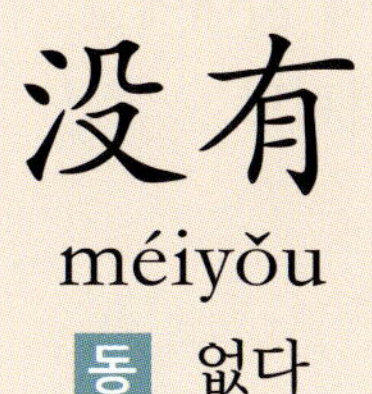

有
yǒu
동 가지고 있다, 있다

有							

没有
méiyǒu
동 없다

没	有					

朋友
péngyou
명 친구

朋	友					

女朋友
nǚpéngyou
명 여자 친구

女	朋	友			

男朋友
nánpéngyou
명 남자 친구

男	朋	友			

중국의 공연 예술

중국 공연 예술에는 나무인형극이라 불리는 목우희(木偶戏 mù'ǒuxì)가 있습니다. 음악에 맞춰 노래를 부르면서 인형을 조정하는 전통 나무인형극 목우희는 한나라 때 만들어져, 당나라 때 큰 인기를 끌었습니다. 이 밖에도 빛과 어둠의 예술로 불리는 피영희(皮影戏 píyǐngxì)는 동물 가죽이나 종이로 인형을 만들어 조명을 비추고 공연하는 그림자극인데요. 전국 시대에 시작됐을 만큼 유구한 역사를 지니고 있고, 원나라 때에는 외국에까지 전해졌다고 합니다.

〈피영희 皮影戏〉

〈목우희 木偶戏〉

Năge piàoliang?

哪个漂亮?

어느 것이 예쁜가요?

학습 포인트

1. 지시대사와 의문대사 哪个
2. 형용사술어문

 Nǎge piàoliang?　哪个漂亮?

 Zhège búcuò.　这个不错。

 Guì bu guì?　贵不贵?

 Bútài guì.　不太贵。

어느 것이 예쁜가요?

이게 괜찮네요.

비싸요?

그렇게 비싸지 않아요.

🔘 12-2

nǎ	哪	대	어느
ge	个	양	개, 명
piàoliang	漂亮	형	예쁘다
zhè	这	대	이
búcuò	不错	형	괜찮다, 좋다
guì	贵	형	비싸다
bútài	不太	부	그다지 ~하지 않다

어법노트

 ## 지시대사와 의문대사

사람이나 사물을 구체적인 명칭 대신에 가리키는 말을 지시대사라고 합니다. 哪个 nǎge(어느 것)는 의문대사인데, 의문대사를 사용한 의문문 문장 끝에는 吗 ma를 붙이지 않습니다.

这 zhè 이	这个 zhège 이것
Zhè shì shénme? 这是什么? 이것은 무엇입니까?	Zhège guì ma? 这个贵吗? 이것은 비싼가요?
那 nà 저	那个 nàge 저것
Nà shì shénme? 那是什么? 저것은 무엇입니까?	Nàge hěn piàoliang. 那个很漂亮。 저것은 참 예쁩니다.
哪 nǎ 어느	哪个 nǎge 어느 것
Nǎ wèi? 哪位? 누구세요?	Nǎge guì? 哪个贵? 어느 것이 비싸죠? 哪个贵吗? (X)

2 형용사술어문

술어의 주요 성분이 형용사로 구성된 문장을 형용사술어문이라고 합니다. 긍정문에서 형용사 앞에는 부사 很 hěn을 넣어주는 것이 일반적입니다.

	주어	술어
긍정문	我 Wǒ 저는	hěn máng 很忙。 매우 바쁩니다.
부정문	我 Wǒ 저는	bù máng 不忙。 바쁘지 않습니다.
일반의문문	你 Nǐ 당신은	máng ma? 忙吗? 바쁩니까?
정반의문문	你 Nǐ 당신은	máng bu máng? 忙不忙? 바쁩니까?

Tip

AB형식의 이음절형용사를 정반의문문으로 만들 때 이음절형용사의 두 번째 글자를 생략할 수 있습니다.

好吃。　　　　　hǎochī　　　　　　　맛있다.

好吃不好吃?　　hǎochī bù hǎochī?　　好不好吃?　　hǎo bu hǎochī?　　맛있어요?

발음연습 12-3

✳ 큰 소리로 따라 읽어 보세요.

3성+경성

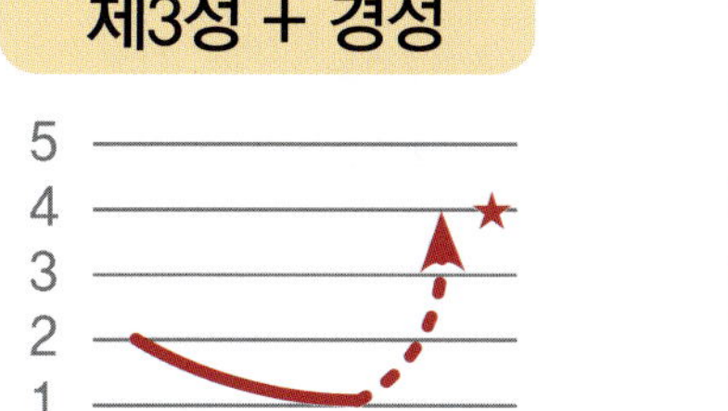

제3성 + 경성

wǒmen	我们	우리들
nǐmen	你们	너희들
nǎinai	奶奶	할머니
jiějie	姐姐	누나, 언니
nǎge	哪个	어느 것

不의 성조 변화

不는 원래 4성이지만 뒤에 4성이 오면 2성으로 바꿔 읽습니다.

4성	+	4성	➔	2성	+	4성
\	+	\	➔	/	+	\

bù + 제1성, 2성, 3성	bú + 제4성
不吃 bù chī 먹지 않다	不贵 bú guì 비싸지 않다
不来 bù lái 오지 않다	不错 bú cuò 괜찮다, 좋다
不好 bù hǎo 좋지 않다	不是 bú shì 아니다, ~이 아니다

 확장연습 형용사술어문 12-4

 **1**

guì 贵 비싸다

Hěn guì. 很贵。 매우 비싸다.

Bú guì. 不贵。 비싸지 않다.

Bútài guì. 不太贵。 그다지 비싸지 않다.

Guì bu guì? 贵不贵？ 비쌉니까？

2

kùn 困 졸리다

hěn kùn. 很困。 매우 졸리다.

Bú kùn. 不困。 졸리지 않다.

Bútài kùn. 不太困。 그다지 졸리지 않다.

Kùn bu kùn? 困不困？ 졸립니까？

3

lěng 冷 춥다

Hěn lěng. 很冷。 매우 춥다.

Bù lěng. 不冷。 춥지 않다.

Bútài lěng. 不太冷。 그다지 춥지 않다.

Lěng bu lěng? 冷不冷？ 춥습니까？

rè 热 덥다

Hěn rè. 很热。 매우 덥다.

Bú rè. 不热。 덥지 않다.

Bútài rè. 不太热。 그다지 덥지 않다.

Rè bu rè? 热不热? 덥습니까?

hǎochī 好吃 맛있다.

Hěn hǎochī. 很好吃。 매우 맛있다.

Bù hǎochī. 不好吃。 맛있지 않다.

Bútài hǎochī. 不太好吃。 그다지 맛있지 않다.

Hǎochī bù hǎochī? 好吃不好吃? 맛있습니까?

Hǎo bu hǎochī? 好不好吃?

AB형식의 이음절형용사를 정반의문문으로 만들 때 두 번째 글자를 생략할 수 있습니다.

piányi 便宜 싸다

Hěn piányi. 很便宜。 매우 싸다.

Bù piányi. 不便宜。 싸지 않다.

Bútài piányi. 不太便宜。 그다지 싸지 않다.

Piányi bù piányi? 便宜不便宜? 쌉니까?

Pián bu piányi? 便不便宜?

1 녹음을 듣고 한어병음을 쓰세요.

1. 哪个漂亮? _______________________

2. 这个不错。 _______________________

3. 贵不贵? _______________________

4. 不太贵。 _______________________

2 우리말과 한어병음을 보고 빈칸에 들어갈 알맞은 단어를 고르세요.

贵　guì　비싸다		困　kùn　졸리다	
冷　lěng　춥다		热　rè　덥다	
好吃　hǎochī　맛있다			

1. 很_____。　　Hěn <u>guì</u>.　　매우 비싸다.

2. _____不_____?　　<u>Guì</u> bu <u>guì</u>?　　비쌉니까?

3. 不太_____。　　Bútài <u>kùn</u>.　　그다지 졸리지 않다.

4. 不_____。　　Bù <u>lěng</u>.　　춥지 않다.

5. _____不_____?　　<u>Rè</u> bu <u>rè</u>?　　덥습니까?

6. 很_____。　　Hěn <u>hǎochī</u>.　　매우 맛있다.

哪个
năge
대 어느 것

哪	个					

漂亮
piàoliang
형 예쁘다

漂	亮					

不错
búcuò
형 괜찮다, 좋다

不	错					

贵
guì
형 비싸다

贵					

不太
bútài
부 그다지
~하지 않다

不	太					

서커스

중국에 여행가셨다면 한 번쯤은 서커스 공연을 보셨을 텐데요, 서커스를 중국에서는 잡기(杂技 zájì)라고 합니다. 무대에서 신체를 이용해 고난도의 동작을 선보이죠. 중국 잡기(杂技)의 역사는 2천년이 넘는 것으로 전해지는데요, 한나라 때는 백가지 공연이라는 뜻의 '백희(百戏 bǎixì)'로, 당송 때는 산악(散乐 sǎnlè)으로 불렸습니다. 1950년 중국서커스단 창단 때 주은래 총리가 '잡기'로 부르라고 해서 그때부터 중국 서커스를 잡기(杂技)로 부르게 됐다고 합니다.

〈잡기 杂技〉

연습문제 **정답**

UNIT 1

Nǐ máng ma? 你忙吗?

바쁘세요?   p.20

2) 1. lèi   2. hǎo   3. gāo
    4. ǎi   5. kuài   6. màn

3) 1. máng   2. Hěn   3. ma   4. lèi

UNIT 2

Wǒ bù máng. 我不忙。

저는 바쁘지 않아요.   p.30

2) 1. mā   2. bā   3. kuài   4. mén
    5. kū   6. téng 7. tīng   8. lái

3) 1. máng / 忙   2. bù / 不
    3. è / 饿   4. bú / 不

UNIT 3

Tāmen lái bu lái?

他们来不来?
그들이 오나요?   p.40

1) 1. wǒmen
    2. nǐmen
    3. tāmen
    4. tāmen
    5. Tā lái bu lái?

2) 1. Tā lái ma?
    2. Tā bù lái.
    3. Tāmen lái bu lái?
    4. Tāmen yě bù lái.
    5. Wǒ yě hěn è.

UNIT 4

Tā hē kāfēi. 她喝咖啡。

그녀는 커피를 마셔요.   p.50

1) 1. kàn   2. hē   3. shénme
    4. shū   5. kāfēi 6. tā

2) 1. 看   2. 书   3. 喝什么   4. 她 / 咖啡

UNIT 5

Wǒ xiǎng chī miàn.

我想吃面。
저는 국수 먹고 싶어요.   p.60

2) 1. Nǐ è bu è?
    2. Wǒ hěn è.
    3. Wǒmen chī hànbǎobāo.
    4. Wǒ xiǎng chī miàn.

3) 1. 我们喝咖啡。
    2. 我想吃汉堡包。
    3. 我们喝可乐。
    4. 我想喝啤酒。

UNIT 6

Wǒ shì Hánguórén.

我是韩国人。
저는 한국 사람이에요.   p.70

2) 1. Nǐ shì Měiguórén ma?
    2. Bú shì, Zhōngguórén.
    3. Nǐ shì nǎ guó rén?
    4. Wǒ shì Hánguórén.

3) 1. 저는 한국 사람이에요.

2. 당신은 중국 사람이에요?

3. 당신은 바빠요?

4. 당신은 배고파요?

UNIT 7

Zhè shì shénme? 这是什么?

이것은 뭐예요?

p.80

2) 1. zhuōzi　　2. shūbāo　　3. shuǐguǒ
　　4. píngguǒ　　5. shǒujī　　6. diànnǎo

3) 1. shénme　　2. shū　　3. Nà　　4. bǐ

UNIT 8

Zhè shì shénme yánsè?

这是什么颜色?

이것은 무슨 색이에요?

p.90

2) 1. shénme yánsè

2. hóngsè

3. Zhè

4. hǎo

3) 1. hēisè

2. báisè

3. lùsè

4. Zhè shì

5. jiào shénme míngzi

UNIT 9

Nǐ qù nǎr? 你去哪儿?

어디 가세요?

p.100

1) 1. xuéxiào　/　学校

2. yīyuàn　/　医院

3. yóujú　/　邮局

4. shāngdiàn　/　商店

5. chī fàn　/　吃饭

6. xiūxi　/　休息

7. shuìjiào　/　睡觉

8. mǎi dōngxi　/　买东西

UNIT 10

Zài Shànghǎi gàn shénme?

在上海干什么?

상하이에서 뭐해요?

p.110

2) 1. 他在上海吗?

2. 他在上海上班吗?

3. 他在学校吗?

4. 他在学校学习汉语吗?

5. 他在学校学习什么?

UNIT 11

Nǐ yǒu nǚpéngyou ma?

你有女朋友吗?

여자 친구 있어요?

p.120

2) 1. nǚpéngyou

2. Méiyǒu

3. Nǐ

4. yǒu méiyǒu

5. Yǒu

3) 1. 有没有电脑? / 有电脑吗?

2. 有没有桌子? / 有桌子吗?

3. 有没有手机? / 有手机吗?

Nǎge piàoliang?

哪个漂亮?

어느 것이 예쁜가요?

p.130

2) 1. Nǎge piàoliang?

2. Zhège búcuò.

3. Guì bu guì?

4. Bútài guì.

3) 1. 贵

2. 贵 / 贵

3. 困

4. 冷

5. 热 / 热

6. 好吃